EPITRES
D'UN HOMME DÉSINTERESSÉ
A M. DE VOLTAIRE,
Sur son Poëme de la Religion Naturelle.

EPITRES
D'UN HOMME DÉSINTERESSÉ
A M. DE VOLTAIRE,

Sur son Poëme de la Religion Naturelle.

EPITRE I.

U chantes dans tes vers la Loi de la Nature ;
Peut-elle seule enfin guider nos foibles pas ?
L'homme l'aime, la suit, & ne la connoît pas.
L'instinct seul est sa Loi ; seul exempt d'imposture,
L'instinct de la raison négligeant tous les droits,
Est heureux, & jamais ne combine un Mystére.

Le plus profond de tous, VOLTAIRE, tu le crois;
Quel Dieu du pur Néant fit sortir la matiere?

Quoi! je te vois plier ton esprit radieux
Sous le vain préjugé de ce dogme impossible?
Sois Chrétien: que t'importe; & d'un myſtere ou deux
Charge encor ta raison que tu crois infaillible.

La Loi de Spinosa, c'eſt la néceſſité.
Tout être eſt incréé, dit-il, dans son ſyſtême.
Bo... le Théatin, T *** & toi-même,
Qu'êtes-vous, trois Rêveurs de la Divinité.
Et toi plus foible qu'eux, le dirai-je, Voltaire?
Tu parles de vertus dont ton Dieu n'a que faire.
Peut-il être jaloux de nos vœux aſſidus?
Trop grand pour exiger un inutile hommage,
Nul Mortel aux Enfers n'éprouvera sa rage.
D'un même œil il regarde & Neron & Titus.

Qu'appelles-tu ton Dieu? Quel eſt enfin cet Etre
Que la crainte ou l'erreur nous ont donné pour Maî-
    tre?
Fantôme imaginé que tu ne connois pas;
Tu ne ſçais quel il eſt: & tu veux sur ſes pas
Que l'homme renonçant à ſes penchans coupables,
Marche en vain à ſa ſuite incertain de son ſort,

Pratique

Pratique les vertus & méprise la mort ;
La vertu va nous rendre encor plus misérables.

Hobbés & Spinosa plus conséquens que toi
Pour le bien des Etats tolèrent les supplices ;
Mais secouant le joug d'une importune loi,
Nous ont débarassés des vertus & des vices.

Pourquoi si je suis né violent, emporté,
D'un Mortel égorgé veut-on me faire un crime ?
Si mon cœur sans mesure aime la volupté,
Pourquoi donc mon amour est-il illégitime ?

La Loi de la Nature est la Loi du plus fort.
Sur tes biens, homme injuste, apporte-moi tes titres.
Tous de notre bonheur, nous sommes les arbitres,
Le vice est notre appui, la vertu nous fait tort.

Oui, tous, par indivis, nous possédons la Terre.
La Nature nous dit ; gardez l'égalité.
Le Despotisme affreux rompt la société ;
Renversons les Tyrans, déclarons-leur la guerre.

Les biens & la beauté sont à nous en commun.
Le Jour qui nous éclaire & l'Air que l'on respire
De nos droits mutuels établissent l'Empire.
Le tout est fait pour tous, & n'est pas fait pour un.

C

La source des malheurs qui ravagent le Monde ;
Quelle est-elle, Docteur ? C'est le tien & le mien.
Toute injuste qu'elle est, cette Loi fut féconde
Et de mille autres Loix fut le ferme soutien.

Bientôt l'homme immola dans sa cruelle yvresse
L'homme qui repoussant l'affreuse pauvreté
Pour retrouver enfin la juste égalité
De son propre héritage osa prendre une piéce.
Pupile, de ses droits Défenseur malheureux,
Par la force appuyant la Loi de la Nature,
Un Voleur innocent fut mis à la torture
Et mourut au milieu de la Rouë & des Feux.

Quel mal avoit-il fait ? De la Loi naturelle
Il avoit mieux compris l'étenduë & les droits
Que tous les Imposteurs, dont l'infâme Sequelle
Parle d'un Dieu Vangeur & fait regner les Rois.

Oui, si c'est la Nature à ton gré, cher Voltaire,
Dont il faut écouter les suprêmes leçons
Quel homme désormais fier Tyran de son Frere,
Dira, c'est à moi seul, ces vergers, ces moissons ?

Cesse de nous tromper, Législateur Barbare,
Te répondra Cartouche, & dans ton cœur pervers,

Ne va pas approuver l'Usurpateur Avare
Qui posséde la part que j'ai dans l'Univers.

Tout homme par soi-même est un Monarque auguste.
Quels droits ont les Tyrans sur son autorité ?
Quel insensé dira, qu'il cesse d'être juste
S'il fait entre les Rois régner l'égalité ?

Moins solide que beau ton facile génie
A-t-il enfin trouvé le remede à nos maux ?
La Nature n'a pû rétablir l'harmonie,
Simplifier les Loix, briser les échafauts.

A quel Maître faut-il que mon cœur obéisse ?
La Nature n'a pû corriger un seul vice.
L'homme du vrai, du faux éloquent discoureur,
Me fatigue, & jamais ne peut me satisfaire ;
Telle on voit sous les flots de la mer en fureur
S'abîmer sans retour une Barque légere.

Du mensonge infecté, sans craindre son poison,
J'ai compris, me dit-il, la Nature & Dieu même ?
Tour-à-tour il embrasse & quitte un vain systême,
Et l'aveugle ose encor me vanter sa raison.

De la Religion le voile impénétrable

Quelque parti qu'il prenne accable son orgueil ;
Déiste, se croit-il enfin plus raisonnable ?
D'un Etre Créateur il tombe dans l'écueil.

Le Spinosiste rit de sa folle chimere ;
Méprise un insensé qui blâmant le Chrétien
D'asservir sa raison à la Loi du Myftere
Eft du plus grand de tous lui-même le soutien.

Suis, Mortel, me dis-tu ? la Loi de la Nature ;
Mais quelle est cette Loi ? Contraint-elle mes sens,
Mes passions, mon cœur ? Ta Loi n'est qu'imposture :
A ta Loi tous les cœurs sont désobéissans.
La Nature nous dit de rompre notre chaîne ;
Au gré de nos desirs, d'être avare, envieux,
Injuste avec souplesse, adroit, ambitieux.

Libres nous sommes Rois & des yeux de la haine
L'homme de la Nature interprête orgueilleux,
N'écoute que les cris de cette Souveraine ;
Il vole à ses accens, où son penchant l'entraîne
Et pour lui cette Loi, seule est la Loi des Cieux.

Faudra-t-il donc un frein, Voltaire, à la Nature ?
Toute entrave est injuste & renverse sa Loi.
Faut-il qu'un Dieu lui-même éclipsant l'imposture

Vienne pour m'éclairer, me parler de la foi ?
Non, dis-tu ? La raison suffit pour nous conduire ;
Des Mortels égarés dans un Dédale obscur,
Voilà le seul Flambeau, dont l'éclat simple & pur,
Va de la vérité nous dévoiler l'empire.

La Raison, il est vrai, nous donne des avis.
Soyez heureux, dit-elle, en suivant Epicure ;
Evitez les excès du plaisir qui murmure.
Mais ces dogmes brillants n'en sont pas plus suivis.
Legislatrice altiere & toujours impuissante
Sans me rendre meilleur, me traitant de pervers,
En vain elle s'oppose au plaisir qui m'enchante ;
Sur ses pas le plaisir entraîne l'Univers.

Des transports amoureux calmez la violence,
Me dit avec emphase, un Maître de raison ?
Toi-même pourrois-tu garder la tempérance
Si la beauté pouvoit te verser son poison ?

Dans des canaux usés si ton sang est perclus
Dois-tu me commander d'être sexagenaire ?
Aux excès ravissans que tu ne connois plus
Mon sang impétueux vole, sage Voltaire.

Mais tu vas, me dis-tu, mourir de volupté ?

C iij

Pourquoi de la Raison combattre la Sagesse ?
Je t'entends, mais soudain une jeune Beauté
Me dit, suis la Nature, & son aimable yvresse.
Pourrois-je entre vous deux balancer dans mon choix ?
Sans penser si jamais, il faut que je sois sage,
Du Philosophe altier méprisant le langage,
Dans les bras de l'amour, je renonce à ses loix.

Mais la Raison me dit, homme, au moins soyez juste ?
Si sa force affermit tous les usurpateurs,
Dois-je souffrir le joug de ces Legislateurs,
Qu'honora l'homme aux fers, du rang le plus auguste ?

Pour être juste, il faut que rentré dans ses droits
L'homme de son instinct suive la Loi si pure ;
Que vainqueur des Tyrans, de l'erreur & des Rois
Au rang des Animaux, il suive la Nature.

Qu'est-ce que la Raison ? Préjugé fastueux,
Il ne parle jamais qu'avec un ton de Maître.
Contre lui révolté, mon cœur pour être heureux
Ne veut point l'écouter, ne veut point le connoître.

Un Mystere pour moi, c'est un cœur déréglé.

J'ignore jusqu'au nom de crime, d'injustice.
Va-t-on punir un chien pour un chat étranglé ?
Tout est bien ici-bas : il n'est vertu ni vice.
La Nature suffit : quel Oracle imposteur
S'opposant à sa voix peut me rendre coupable ?
La Raison qui flétrit son charme trop aimable
N'est pour elle & pour moi qu'un préjugé menteur.

Le Pieux Antonin, les Trajans Débonnaires
Des Romains asservis ont adouci les fers.

Les Rois pour nous dompter sont doux, ils sont sé-
    veres ;
Ils nous ouvrent le Ciel, entr'ouvrent les Enfers ;
Les Prêtres de Thémis, les Prêtres d'un Dieu-même
De la Nature en pleurs faisant taire la voix
Font trembler les Humains, sous leur pouvoir su-
    prême,
Et combattent de front la plus juste des Loix.

Oui, cette Loi facile, exempte de tout blâme,
De mon cœur qu'elle anime, est l'instinct le plus
    doux.
Pourquoi si je la suis, suis-je traité d'infâme ?
Pourquoi donc l'Univers entre-t-il en courroux ?

Si la Raison confuse & la foible Nature
Ne peuvent diriger tous nos pas chancelans,
Un Dieu, peut-être, un Dieu, dissipant l'imposture,
Descendu jusqu'à nous des Cieux étincelans
Nous va-t-il expliquer le plus profond mystere ?

Voltaire, conviens donc qu'aveugle comme moi
La Nature n'est pas notre suprême Loi,
Et que l'homme a besoin d'un flambeau qui l'éclaire.

EPITRE II.

Pour guider les Mortels, faudra-t-il un flambeau
Plus pur que la Raison, que l'instinct, la Nature ?
Voltaire, avec horreur tu vois que l'imposture
Nous séduit, nous aveugle au sortir du berceau ?
A nos foibles esprits, ton sublime génie
Va-t-il enfin dicter d'infaillibles leçons ?
Vas-tu nous épargner, les malheurs de la vie,
Chasser nos préjugés, dissiper nos soupçons ?

L'unique loi, dis-tu, c'est la loi naturelle.
Mais jamais cette loi suffit-elle aux Mortels ?
C'est en suivant ses pas, c'est en parlant comme elle
Que nos dociles cœurs deviennent criminels.

Si tout homme est né Roi, tout homme a droit de l'être ;
Nous devons en porter les titres souverains.
Chaque homme indépendant connoîtra-t-il un Maître,
Si la seule Nature est Reine des humains ?

Crois-tu que la Nature est toujours innocente,

Que des cieux elle apprit sa loi si séduisante ?
D'où viennent ces remords qu'inspirent les forfaits ?
Oui, nos cœurs malgré nous, veulent être parfaits.

Le Chrétien, le Déïste, annoncent des mysteres.
Spinosa ne peut point nous prouver ses chimeres.
Si l'instinct naturel est la loi de mon cœur,
Le vice va bientôt y regner en Vainqueur.

Quel progrès ferons nous, Voltaire, à cette Ecole
Qui traitant la vertu de contrainte frivole
Nous dit, venez humains, & suivez dans mes bras
La pente de vos cœurs, sans craindre le trépas ?

Je doute que d'un Dieu la suprême Sagesse
Ait voulu des plaisirs nous inspirer l'yvresse.
La honte, les excès, suivent la volupté,
Et le Dieu qui l'approuve est un Dieu détesté.

Dieu, l'homme, la nature ont le même langage
La pudeur, du plaisir, craint la riante image.
Pudeur, fille des Cieux, ah ! quel est ton pouvoir ?
Sur un front innocent tu luis sans le vouloir.

Dans nos mœurs n'aurons-nous pour loi que le ca-
    price ?

Je marche en gémissant dans le chemin du vice.
L'homme est-il donc plongé dans un fatal cahos ?
Quels combats dans mon cœur ? quoi jamais de repos ?
Qui que tu sois, grand Dieu, fais briller ta lumiere ;
Incertain je parcours une obscure carriere.

Tantôt à la vertu, je vole avec ardeur
Tantôt pout l'embrasser, je marche avec langueur.
Mêlange humiliant de grandeur, de bassesse,
De vices, de vertus, de force, de foiblesse,
L'homme rampe, & sa tête est déja dans les Cieux,
Où va donc l'emporter son vol audacieux ?

Rien n'est inpénétrable à son Intelligence ;
Il voit en rougissant sa profonde ignorance.
A l'Etre qu'il adore, il reproche à grands cris
De voiler à ses yeux, ce qu'il n'a pas compris.
Dieu devoit l'appeller à son Conseil suprême,
Partager avec lui sa Divinité même.
Avorton né d'un jour, il combat l'Eternel,
Et prononce tout haut, c'est la faute du Ciel ;
Dieu s'égare ; il m'assigne un destin déplorable.
Viens, toi-même, grand Dieu, confondre ce coupable.

Sous le poids de ta gloire il doit se prosterner.
A lui-même, à son cœur, je veux le ramener.

Qu'est-ce que l'homme ? hélas ! esclave du mensonge
La vérité l'étonne & lui paroît un songe.

La raison, ce flambeau de Dieu même emprunté
S'il s'éteint, doit de lui reprendre sa clarté.
Au Ciel si la raison cesse d'être soumise
Pourra-t-elle trouver un Maître qui l'instruise ?

Moi je doute de tout, dit l'homme avec orgueil !
Pourroit-il donc enfin tomber dans cet écueil ?

Sa raison n'est qu'un doute : il s'avilit lui-même.
Incertain, trouve-t-il la Vérité Suprême ?
Non : son doute sceptique, aussi-tôt confondu,
De sa propre raison ne peut être entendu.

Si ta raison soumise aux Loix de la Nature
Du vrai, n'a pas au moins, une foible teinture,
S'il n'est rien de constant, chancelant sur ta foi,
Veux-tu fixer mon cœur & triompher de moi ?
Le sort de l'homme est-il un genre de supplice ?
Tantôt je l'apperçois à la suite du vice ;
Par le remords cruel son cœur est déchiré ;

Il déteste le mal où son cœur s'est livré.
De la sage vertu, prend-il la route aimable ?
Il éprouve en lui-même un combat effroyable.

Il ne sçait si l'esprit, foible enfant de nos corps,
Ne seroit pas un jeu de fibres, de ressorts.
Vil jouet de ses sens, aux passions en butte,
Tantôt il se croit Dieu, tantôt il se croit Brutte.

La raison le conduit, mais c'est pour l'égarer ;
La vérité l'accable, & le fait soupirer.
Il raisonne sans cesse, il calcule, il combine,
Sans pouvoir par lui-même éclaircir l'origine
Des contrariétés dont il sent tout le poids.
Libre, mais incertain, lorsqu'il veut faire un choix ;
De son cœur agité, la foiblesse s'empare
Souvent pour penser trop, l'homme orgueilleux
    s'égare :
Et pour trop peu penser il tombe dans l'erreur.

Des vertus qu'il trahit, oisif admirateur,
Lui-même il est ingrat, fourbe, infléxible, traître ;
Et ne craint de forfaits que ceux qu'on peut con-
    noître

Désabusé toujours, & toujours abusé,

Au dehors, au dedans, il est tyrannisé.
Il prend le titre altier de Maître de la Terre;
L'esprit, le cœur, les sens, en lui tout est en guerre.

Du vrai, du faux, dit-il, arbitre impartial,
J'ai le droit d'en juger à mon seul Tribunal,
Etrange aveuglement ! imbécille ignorance !
L'homme ne connoit rien. Connoit-il son essence ?
L'Univers effrayé de ses raisonnemens
Se trouble au seul aspect de ses égaremens.

De l'orgueil, de l'erreur, victime déplorable,
Tyran de la Nature, énigme inexplicable,
Tu l'avouras, Mortel, tu devrois desirer
Qu'un Dieu daignât enfin parler & t'éclairer.

Pour pénétrer de Dieu la gloire éblouissante,
De ton esprit ardent la fougue est impuissante;
Va des plaines de l'air, mesurer l'Océan;
De la Terre & des Cieux, trace à nos yeux un plan.
Va des vagues des Mers par la Lune attirées
Démontrer aux Mortels, les causes ignorées.
Veux-tu, nouveau Platon, du bonheur inconnu
Suivre d'un pas tremblant le sentier peu battu ?

Sectateur insensé de la Philosophie,
Superbe malheureux, Platon passa sa vie
A donner des conseils qu'il ne pratiqua pas,
D'un cœur peu satisfait éprouvant les combats,
D'une vertu stérile exagérant les charmes,
Loin de te consoler, il fait couler tes larmes.
Que t'offrent pour secours les Sages si vantés ?
Ont-ils détruit les Dieux par le crime enfantés,
Dissipé les erreurs, la fable, l'artifice ?
* Socrate du mensonge ose être le complice.

Rappelle à ton esprit les faits de tous les tems,
Sous le joug de l'erreur, les hommes gémissans,
Te font voir la raison égarée elle-même.
Ce que tu pris pour loi ne fut qu'un vain système.
Tel un Aveugle croit son pied bien affermi,
Il tombe sous les coups du plus foible ennemi.

La raison orgueilleuse après mille naufrages
Dicta quelques leçons par l'organe des Sages,
Elle établit des loix, voulut régler les mœurs ;
Toute Religion fut un tissu d'erreurs.
Quelle confusion de dogmes ridicules !
Regarde les humains, aveugles & crédules.

* Socrate en mourant pour l'Unité d'un Dieu fit faire un Sacrifice d'un Coq à Esculape.

La raison leur forgeant mille cultes divers
Entre ses bras trompeurs, endormit l'Univers.

L'homme adora le bois, les métaux, le reptile ;
A sa voix le Romain est un Peuple imbécille ;
L'Athénien scavant, sur ses pas empressé
S'égare : en l'écoutant le Sage est insensé.

Ah s'il existe un Dieu touché de nos miséres
Verra-t-il la raison qui séduisit nos Peres ;
Sur les yeux des enfans épaissir son bandeau,
Sans nous prêter contre elle un céleste flambeau ?
Souffrirons-nous toujours ton dangereux empire ?
Ne peut-on pas enfin, raison, te contredire ?
Contre toi les humains frémissent indignés ;
Du sang de leurs ayeux, les enfans sont baignés.
Pour un vain argument tu ravageas la Terre,
Toi-même tu guidois le Démon de la guerre ;
Et de la Vérité renversant les Autels,
Comme elle tu voulus inspirer les Mortels.

Que dit-elle à mon cœur, cette raison perfide ?
Qu'elle a besoin d'un frein, d'un Maître qui la guide ;
Qu'elle usurpa les droits de l'Esprit Souverain.

Source de Vérité, grand Dieu, tends-moi la main.
Touché

Touché de mes malheurs, hâte-toi de defcendre;
Attentif à ta voix, je brule de l'entendre.

Hors de ce cercle étroit, que le Ciel nous prefcrit,
Nous ne pouvons jamais élancer notre efprit.
Voltaire, la raifon dont tu fens la foibleffe
Doit donc s'humilier, pour trouver la fageffe.

Irai-je confulter cet affreux Tribunal,
Qui me fait ignorer dans un repos fatal,
Ce que c'eft que mon être & mon intelligence,
Mon état, mon devoir, ma fin & ma naiffance?

Si le Monde pour nous eft forti du néant,
L'Eternel fit pour lui notre ame en la créant.
De ce Dieu fur ton front, je vois briller l'image ;
De ton fort immortel, cette empreinte eft le gage.

Quoi, ta Religion, c'eft de n'en point avoir?
Il n'eft donc plus pour toi, de loi, ni de devoir?
La nature t'égare... ah! fon inftinct funefte,
De ce Dieu que je cherche, eft-il la voix célefte?
Haïras-tu toujours le Ciel & la vertu?
Tiendras-tu fous tes pieds, ton Dieu même abbatu?

Quel écueil dangereux, je trouve dans moi-même !
Comme la vérité l'erreur a son syſtême,
La raiſon tour-à-tour leur prête ſon appui.
Dieu doit donc me parler ; je n'écoute que lui.

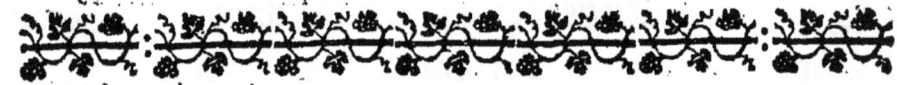

EPITRE III.

SUr trois points, mon esprit, cher Voltaire, est en peine,
Suivrai-je l'Unitaire, Hobbés, ou le Chrétien ?
Mettre aux fers ma raison, c'est exciter ma haine,
Je veux voir clair, pour croire, ou je ne crois plus rien.

Tous trois m'offrent la nuit du plus profond mystere,
Ils me parlent d'un Dieu qu'ils ne connoissent pas ;
Ainsi que le Chrétien, le Déiste sévere,
Présage des malheurs au-delà du trépas.

Tous deux sont-ils d'accord ? Non. La gêne éternelle
Punit, dit le Chrétien, une erreur d'un moment.
Le Déiste a-t-il donc une Loi moins cruelle ?
Contre l'homme coupable il décerne un tourment.

Quelle est de ce dernier l'étrange extravagance !
Il détruit sa raison : il croit un Créateur,
Le néant fut l'ouvroir de cet esprit moteur.

D ij

Il ose armer ce Dieu des feux de la vangeance.

Quoi ! Voltaire, un moment passé dans les plaisirs
Fera tomber sur moi de terribles disgraces ?
Le Dieu qui dans mon cœur fait naître des desirs,
Les punit, & prétend qu'un ver suive ses traces ?

Il punit ; mais quelle est l'origine du mal ?
Dieu pour me rendre heureux, si je suis son ouvrage,
N'est-il pas assez bon, assez puissant & sage ?
D'où vient donc du péché le germe si fatal ?
Un Dieu Pere est-il donc un Pere plein de rage ?
Si je dois à ses pieds enfin me prosterner,
Il doit par son amour mériter mon hommage,
Sinon tous les humains doivent le détrôner.

Le Chrétien craint l'enfer ; tu crains le Purgatoire
Dieu punit : mais dis-tu ? ce n'est pas pour jamais.
Non, Dieu ne punit pas : il n'est point de forfaits ;
Le mal est une erreur que tu nous fais accroire.

Cher Voltaire, est-il rien dans l'homme à corriger ?
L'homme n'est pas un Ange, il est ce qu'il doit être.
Auteur de ses penchans le Dieu qui l'a fait naître,
Quel qu'il soit est injuste en voulant se vanger.

Dans quel abîme obscur se plonge le Déïste !
Pourquoi presque Chrétien n'en suit-il pas la loi ?
Il croit un Créateur ; il a déja la Foi.
Pourroit-il m'entraîner ? non, je suis Nihiliste,
Venez, me dit Hobbés ; croyez-moi, tout est Dieu.
Spinosa mieux que nous, connut l'Etre Suprême.
Peut-on à la matiere assigner aucun lieu ?
Cette unique substance est tout par elle-même.

Traitez avec mépris le rang ambitieux
De tout être que l'homme a placé dans les Cieux.

Du monde Mere antique & source renaissante,
La Nature féconde est toujours agissante,
Semblable à ses enfans fit mille êtres divers ;
De son sein éternel, s'engendra l'Univers ;
Elle contient les loix que reçoit la matiere,
Avec elle toujours éclata la lumiere.
Principe universel, elle embrasse les tems,
Les trois dimensions & l'esprit & les sens.
Tout en elle à la fois est simple, impénétrable.
De l'Univers l'amour est le lien durable ;
La matiere est immense & rien ne la détruit.
Chercher un autre Dieu, c'est travailler sans fruit.

Je t'entends, cher Hobbés, mais quel est le principe

Qu'un mouvement régit, heurte, entraîne, dissipe :
Impuissant & passif, brute, esclave, changeant,
Ton premier être est donc foible, oisif, indigent.
Moins grand que son Moteur, cet être par essence,
Suit un Maître & partout marque sa dépendance.

Sans cesse il obéit à la nécessité
Le mouvement est-il une Divinité ?
Non, le repos l'arrête : il n'est point nécessaire.
Sa force aux loix soumise est toujours arbitraire ;
Simple effet de la main qui pousse des ressorts
Ou plus lent, ou plus vif, il agite les corps.

Tout ce que j'apperçois au sein de la matiere,
Du seul Etre incréé, n'a pas le caractére.
Le tout est, me dis-tu ? par soi-même existant,
D'un autre être à mes yeux chaque être est dé-
    pendant.
De ces êtres produits la chaîne successive
Peut-elle subsister sans cause primitive ?
Mais quelle est cette cause ? est-ce-donc l'Univers ?
Il dépend à son tour de chaque être divers.

Nul être pris à part n'existe par soi-même,
Ensemble réunis, sont-ils l'Etre Suprême ?
De tes raisonnemens l'étrange absurdité

Me révolte, & je cherche en vain la vérité
Dans tes dogmes hardis, quoi, de l'être qui pense
Tu veux développer le destin & l'essence ?
Tu vas sans doute, Hobbès, m'instruire de mon
    sort ?
L'esprit s'anéantit, me dis-tu, par la mort.

Mais rien peut-il périr dans la Nature entiere ?
Indestructible en soi la plus vile poussiere
Ne peut s'évanouir ; & des Arts Créateur
L'esprit qui dans les Cieux va chercher sa grandeur,
Seul au Néant livré verroit l'herbe existante
Du choc des élémens à jamais triomphante ?
Pourquoi donc avilir l'esprit au plus bas rang ?
Cette flamme si pure allumée en ton sang,
Doit au moins partager de l'unique substance
Tous les droits souverains & l'éternelle essence.

Définissant l'esprit définit-on le corps ?
Ont-ils la même essence ? Et quels sont leurs rap-
    ports ?

Du feu de la Nature étincelle brillante,
L'ame, dis-tu, nous luit, & s'éteint languissante ?
L'esprit meurt aussitôt que sa source tarit.
L'esprit est donc matiere & la matiere esprit.

Qu'entends-je ? Dans les corps Monade enſemen-
 cée
L'ame eſt commenſurable ainſi que la penſée ?

Dans ſes dimenſions, trace un angle, un quarré.
Peux-tu d'un pur eſprit, faire un plan figuré ?
Non. La raiſon rougit : & dans ta main confuſe
Le compas inutile à ce plan ſe refuſe.

Mais le corps ici penſe, & là ne penſe pas ?
Pour toi nouveau myſtere & nouvel embarras.

Si la matiere enfin ſeule eſt l'Etre Suprême,
Son Eſſence partout doit exiſter la même.
Elle doit donc penſer en chaque être divers,
Et ſon ame infinie animer l'Univers.

Dans ce ſyſtême aveugle, il eſt donc vrai de dire,
Ce banc raiſonne juſte, & ce marbre reſpire ;
Ce tableau ne dit mot, mais n'en penſe pas moins.
Ces murs intelligens ſont de muets témoins.

Au ſein de la matiere explique ce partage,
Elle eſt brutte & l'eſprit n'eſt point ſon appanage.
Il peut être ſans elle, elle exiſte ſans lui.
Quelqu'eſprit ſouverain ſans doute eſt ſon appui.

Dans les traits d'un enfant on reconnoît sa mere ;
Et de l'esprit, le corps ne peut être le pere.

Pour juger des objets, l'ame appelle les sens ;
A ses suprêmes loix ils sont obéissans ;
Loke de la pensée habile Anatomiste
La distingue du corps & n'est point Spinosiste.
Ainsi ces raisonneurs m'annonçant des clartés,
Me plongent dans la nuit de mille obscurités.

Dis-moi, Voltaire, entr'eux quel parti faut-il prendre ?
Oui, le Chrétien qui croit ce qu'il ne peut comprendre,
Qui pour trouver enfin l'aimable Vérité
Soumet l'esprit, le cœur à la Divinité,
Est plus sage à mes yeux qu'un discoureur superbe
Qui se croit infaillible, & né pour brouter l'herbe.
Spinosa se croit Dieu, mais il ne se croit rien.

Voulez-vous du néant, sortir, dit le Chrétien ?
Aimez, adorez Dieu qui vous a donné l'être ;
Seul il peut vous instruire & se faire connoître
Inaccessible aux yeux de nos foibles esprits,
Seroit-il ce qu'il est, si nous l'avions compris ?

Quoi ? Tout est Dieu, Mortel !.. Quelle étrange folie !
L'essence de Dieu même en ton être avilie,
N'est donc plus désormais qu'un monstre vicieux ?
Partage-tu les droits du Souverain des Cieux ?
Non. Si c'est là ton Dieu, le mien n'est pas le même.
Puis-je te reconnoître, à ces traits, Dieu Suprême ?
Quel est ce composé de vice, de vertu,
Etre par ma raison détesté, combattu,
Des forfaits des humains incroyable assemblage,
Horrible Déité, digne de mon outrage,
Dieu formé par le crime & par l'impiété,
Qui sorti de ton sein en demeure infecté ?

Oui, si tu veux donner à la vile matiere,
Les droits que tu ravis au Dieu que je révére,
En dépit du bon sens, les aveugles Mortels,
Verront un Dieu massif, assis sur leurs Autels.

Méprisable jouet des formes qu'il embrasse,
Il vit, il meurt, il quitte, il reprend sa surface;
Il augmente, il décroit comme un vil élément
Il n'a pu s'imprimer le premier mouvement,
Il obéit aux Loix qu'il ne fit pas lui-même;
Pour rire de ton Dieu tu forgeas ce système.

Qui dicta le premier ces immuables Loix ?
Eſt ce le mouvement aveugle dans ſon choix,
Dont la main ſouveraine éternelle & féconde,
Par un concours fortuit a fait naître le Monde ?

Mais ſon ſein eſt ſtérile ; il ceſſe d'enfanter.
N'a-t-il pû qu'une fois, avec art s'agiter ?
L'avons-nous vû depuis créer un nouvel être ?
Dis-moi quelle puiſſance arrête ce grand Maître ?

Quoi tu prends pour ton Dieu, ce principe indi-
    gent,
Effet déterminé d'un éternel agent ?
Produit par des reſſorts, il n'eſt rien par eſſence.
Mon eſprit convaincu voit avec évidence
Le Dieu que tu voudrois me faire renoncer ;
Mais le tien dans mon cœur ne peut le remplacer.

Le Chrétien, il eſt vrai, m'annonce, cher Vol-
    taire,
De ſa Religion l'ineffable myſtere ;
Mais eſt-il un ſyſtême exempt d'obſcurité ?
L'eſprit fort n'eſt qu'erreur & que perpléxité.

FIN.

www.ingramcontent.com/pod-product-compliance
Lightning Source LLC
Chambersburg PA
CBHW060527050426
42451CB00011B/1702